CATALOGUE

DES

BRONZES — LAQUES

ARMES

PORCELAINES — POTERIES

OBJETS VARIÉS ET ÉTOFFES

DU JAPON

DONT LA VENTE AURA LIEU

HOTEL DROUOT, SALLE N° 5

Le Jeudi 10 Juin 1880,

A DEUX HEURES.

Par le ministère de Me **CHARLES PILLET**, Commissaire-Priseur,
10, rue de la Grange-Batelière,

Assisté de **M. CHARLES MANNHEIM**, Expert,
7, rue Saint-Georges.

Chez lesquels se trouve le présent Catalogue.

EXPOSITION PUBLIQUE, le Mercredi 9 Juin 1880
De une heure à cinq heures

CONDITIONS DE LA VENTE

Elle sera faite au comptant.

Les adjudicataires payeront *cinq pour cent* en sus des enchères.

L'exposition mettant le public à même de se rendre compte de l'état des objets, il ne sera admis aucune réclamation une fois l'adjudication prononcée.

Paris. — Typ. PILLET et DUMOULIN, 5, rue des Grands-Augustins.

DÉSIGNATION DES OBJETS

BRONZES

1 — Brûle-parfums de forme sphérique, à arêtes et boules
saillantes, et à couvercle surmonté d'une chimère.

2 — Petite buire en forme de vase, à anse tête chimé-
rique et goulot à tête de coq.

3 — Cornet évasé à ornements en relief et à deux petites
anses.

4 — Porte-fleurs formé d'une fleur de lotus et d'un crabe
en bronze.

5 — Chibachi oblong à anse mobile et à couvercle découpé,
décoré de médaillons jeux d'enfants.

6 — Jardinière ovale en bronze taché d'or, à ornements
en relief et à deux anses.

7 — Coupe ronde à ornements en relief et à pied mobile
supporté par trois dragons.

8 — Vase balustre carré à deux anses, décoré d'ornements en relief.

9 — Petit vase en forme de balustre en bronze, à deux
anses têtes d'éléphant.

10 — Gong en bronze de forme contournée.

11 — Vase en forme de balustre à pans, à zones d'ornements en relief et à deux anses à enroulements. Ancien
bronze japonais muni d'une belle patine brune.

12 — Vase en forme de balustre, à pans et à col évasé,
garni de deux anses verticales en bronze, à ornements
en relief.

13 — Jardinière cintrée, décorée de rosaces au pourtour.

14 — Brûle-parfums de forme surbaissée, en bronze,
décoré de dragons et d'ornements au pourtour, et à
couvercle découpé à jour.

15 — Petite Jardinière oblongue à angles arrondis, décorée de vagues et d'oiseaux en relief et à quatre pieds
bas.

16 — Brûle-parfums de forme oblongue et arrondie,
décoré de dragons en relief, supporté par trois enfants,
et à couvercle surmonté d'une figurine tenant un écran.

17 — Petite coupe ronde en bronze, ornée d'une grecque, et reposant sur trois pieds bas.

18 — Très petit brûle-parfums en bronze, à deux anses surélevées et à trois pieds droits. Le couvercle est surmonté d'une chimère.

19 — Flacon à eau formé d'une figurine d'homme couché, en bronze.

20 — Petite coupe ronde à ornements et têtes de dragons en relief, sur pied mobile supporté par trois dragons.

21 — Brûle-parfums de forme surbaissée, à anse mobile et à couvercle découpé à jour, décoré de médaillons de personnages en bas-relief.

22 — Vase ou Chibachi couvert à deux anses à anneaux en bronze, à ornements gaufrés en relief.

23 — Crabe en bronze, patine verte.

24 — Disque en bronze, décoré de dragons en relief.

LAQUES

25 — Petite boîte à quatre compartiments en laque, décorée de rosaces en or au pourtour et d'une figure de femme sur le couvercle.

26 — Petit plateau carré en laque rouge ciselé de Pékin,
à figures dans un paysage.

27 — Jolie trousse de médecin en laque du Japon, décorée
de paysages.

28 — Petite boîte ronde et profonde en laque noir, décorée de branchages en or.

29 — Très petite boîte carrée à trois compartiments en
laque noire décorée de grecques en or.

30 — Soucoupe en laque rouge, décorée en or et couleurs :
Coupe de fruits dans un paysage.

31 — Trousse de médecin en laque d'or, décorée de
figures en relief avec faces rapportées en ivoire.

32 — Trousse de médecin en laque d'or, avec homard
rouge en relief.

33 — Très petite boîte en laque aventurinée du Japon,
décorée d'un éventail en or.

34 — Plateau long à angles arrondis et rentrants en laque
noire et décor d'or, arbustes, fleurs et armoiries.

35 — Plateau analogue en laque aventurinée du Japon,
décoré de grues sacrées et d'armoiries en or.

36 — Boîte carrée à angles arrondis et à couvercle à
recouvrement en laque noire décorée de feuillages en
or et couleurs.

37 — Boîte-écritoire en laque noir, à décor d'or, à fleurs
et paysages.

38 — Petite boîte oblongue en laque rouge de Pékin,
ciselé à figures et fleurs.

39 — Table ou support en laque, décorée d'oiseaux en or
et argent sur fond de feuillage.

40 — Petit plateau carré à angles arrondis, en laque rou-
geâtre, décoré de branches de fleurs.

41 — Deux petites jardinières à pans en bois laqué à
fleurs en or et couleurs sur fond varié de nuances.

42 — Tasse présentoir en laque noire, portant les armes
du Taïcoun en or en relief.

43 — Petit service à thé et sa table-support, en laque noire
du Japon, décoré d'arabesques d'or.

44 — Petite boîte en cuivre, laqué à fond noir et oiseaux
burgautés.

45-50 — Douze panneaux pour meubles, en laque noire ou
aventurinée, à décors variés en or.

ARMES

51 — Poignard japonais avec manche et fourreau laqués noir, avec armoiries dorées et garniture en cuivre ciselé.

52 — Grand et beau sabre à lame à dragon ciselé, riche garniture en bronze incrusté et fourreau laqué.

53-56 — Cinq sabres japonais à fourreaux laqués et garnitures ciselées.

57 — Sabre japonais à fourreau laqué, et garde plaquée d'argent.

58 — Autre sabre à fourreau laqué imitant le bronze.

59-62 — Quinze gardes de sabre en fer et bronze, décorées de sujets variés et incrustées d'or ou d'argent.

63-64 — Douze manches de couteaux en cuivre finement ciselé, doré en partie, et représentant des sujets variés, l'un d'eux est laqué en relief.

65-66 — Quatre garnitures de sabre en bronze finement ciselé et incrusté.

PORCELAINES

67 — Coupe hexagone en porcelaine d'Imari émaillée bleu uni à l'extérieur et de branches de fleurs à l'intérieur en bleu sur blanc.

68 — Coupe ronde en porcelaine de Kanga décorée d'oiseaux et de fleurs.

69 — Vase en porcelaine de Chine émaillée rouge sang de bœuf.

70 — Coupe ronde à lobes en porcelaine du Japon à décor de fleurs et d'ornements en couleurs et or.

71 — Coupe ronde en porcelaine de Kanga à décor en rouge de fer et or. Réunion de philosophes.

72 — Boîte ronde à couvercle légèrement bombé en porcelaine d'Imari à décor bleu.

73 — Plat rond en porcelaine du Japon, décor polychrome à médaillons de personnages et oiseaux.

74 — Petit plat rond en ancienne porcelaine du Japon à décor en bleu, rouge et or.

75 — Compotier en porcelaine d'Imari à décor de fleurs et d'ornements en couleurs.

76 — Flacon à goulot étroit en porcelaine du Japon à décor bleu, rouge, vert et or.

77 — Boîte cylindrique à couvercle en porcelaine du Japon, décorée de fleurs et d'ornements sur fond rouge.

78 — Plat rond et creux en porcelaine de Kanga, décoré d'un médaillon de cavalier et d'ornements.

79 — Petit plateau à angles arrondis en porcelaine d'Imari, décoré de fleurs et d'ornements.

80 -- Potiche à couvercle en porcelaine d'Ovari, décorée au pourtour d'un grand nombre de figures en or et couleurs.

81 — Coupe couverte, décorée de paysages et de cours d'eau en camaïeu bleu.

82 — Petit écran en porcelaine d'Imari, décoré de groupes de personnages en bleu sur blanc.

83 — Plateau oblong à décor polychrôme.

84 — Jardinière ronde de même porcelaine, décor polychrome à fleurs et ornements.

POTERIES

85 — Deux beaux vases en forme de balustre en poterie de
Satzuma, décorés de groupes de divinités dans un
paysage en couleurs et or. Belle qualité.

86 — Petite coupe ronde à bord découpé en poterie de
Satzuma, décorée de fleurs et d'ornements en couleurs
et or.

87 — Chibachi en poterie de Satzuma, à décor en couleurs et or à personnages dans des paysages.

88 — Petite coupe sans anse en poterie de Kiotto, décorée
de jeux d'enfants.

89 — Théière en poterie de Kozan, à décor saillant
émaillé bleu, blanc et jaune.

90 — Bol en poterie de Kiotto décoré d'attributs.

91 — Chibachi en poterie de Satzuma, décoré de médaillons de fleurs.

92 — Jardinière de forme sphérique à deux anses en poterie de Satzuma, décorée de médaillons de personnages.

93 — Cornet porte fleurs reposant sur trois pied bas, décoré de fleurs.

94 — Statuette d'homme accroupi tenant une fleur en poterie de Satzuma.

95 — Petite coupe ronde et profonde en poterie de Satzuma, décorée d'ornements et de branches de feuillages.

96 — Jolie tasse haute sans anse en poterie de Satzuma, décorée au pourtour d'un sujet de personnages dans un paysage en couleurs et or.

97 — Théière de forme sphérique en poterie de Satzuma, décorée de sujets de personnages dans un paysage en couleurs et or.

98 —> Théière analogue à celle qui précède, décorée de médaillons de fleurs sur fond à rosaces.

99 — Deux petits vases en forme de balustre en poterie de Satzuma, décorés d'arbustes et d'oiseaux en or et couleurs.

100 — Petit pot en poterie de Kozan, de forme cylindrique décoré d'arabesques émaillées bleu en relief.

101 — Petit vase porte-allumettes en poterie de Satzuma, décoré de lambrequins et d'attributs en or et couleurs.

102 — Petite théière en forme de fruit en poterie de Satzuma, à décor en couleurs et or.

103 — Petit vase en forme de balustre à deux anses en
poterie de Satzuma, décoré de fleurs en couleurs et or.

104 — Porte-allumettes en forme d'écran, décoré de fleurs
arabesques. Poterie de Nin-cé.

105 — Coupe ronde et profonde en poterie de Satzuma,
décorée de fleurs en couleurs et or.

106 — Flacon à eau, de forme cylindrique en poterie de
Nin-cé, décoré de fleurs de pêcher.

107 — Brûle-parfums de forme surbaissée à deux anses
et à couvercle découpé à jour en poterie de Satzuma,
décoré de fleurs en or et couleurs.

108 — Jardinière évasée en poterie de Nin-cé, décorée
de fleurs en couleurs et or. Couvercle laqué noir.

109 — Petit panier en grès émaillé gris de Mishima.

110 — Plateau cintré en poterie émaillée de Kootchi, à
ornements gaufrés et émaillés en couleurs.

111 — Coupe ronde en poterie de Satzuma, décorée d'attributs en couleurs et or.

112 — Théière en poterie de Satzuma, décorée de grues
sacrées.

OBJETS VARIÉS

113 — Petite horloge de suspension en bois dur avec mouvement visible et cadran vertical. Travail japonais.

114 — Deux étriers japonais en fer niellé d'argent. L'intérieur est laqué rouge.

115 — Coupe libatoire en corne sculptée avec branches de vigne en relief et anse formée d'une branche découpée à jour.

116 — Porte notes en émail cloisonné du Japon à fleurs et ornements sur fond bleu.

117 — Boîte ronde en bambou sculpté à paysage, caractères et ornements.

118 — Bouton carré et plat en ivoire incrusté de feuillages en nacre et ivoire teint.

119 — Autre bouton en porcelaine, décoré en rouge et or.

120-124 — Quinze boutons japonais ou neskés dont treize en ivoire et deux en bois représentant des sujets variés. Ce lot sera divisé.

ÉTOFFES

125-130 — Six foukousas ou coussins brodés en soie de couleurs et or, représentant des sujets variés.

131-133 — Trois robes japonaises dont deux en crêpe et une en gaze, avec broderies de couleurs.